HISTOIRE PEU FRANÇAISE

DE LORD F. GUIZOT,

SUIVIE DE LA

BIOGRAPHIE DE M. THIERS.

PARIS

IMPRIMERIES DE PECQUEREAU ET Cᵉ,
rue de la Harpe, 58.

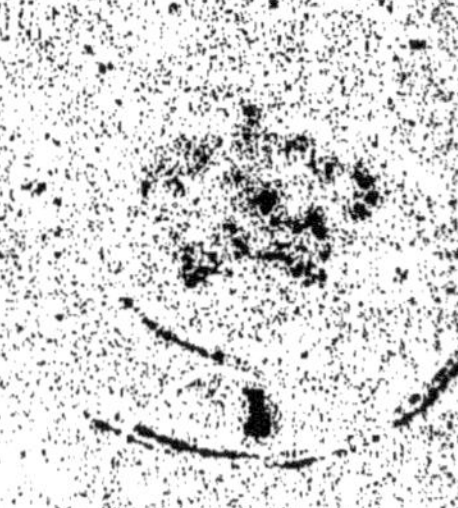

HISTOIRE PEU FRANÇAISE

DE

LORD F. GUIZOT

organe des intérêts anglais dans le cabinet

ET

MINISTRE DES ÉTRANGERS EN FRANCE,

suivie de la troisième édition de la

BIOGRAPHIE DE M. THIERS,

Par un locataire de Ste-Pélagie.

PARIS

CHEZ TOUS LES LIBRAIRES ET MARCHANDS DE NOUVEAUTÉS.

—

1842

Or, il en est des rois comme des ministères :
Dès que l'un est tombé, l'autre monte aux affaires ;
Et chacun d'eux s'accroche au vieux char du pouvoir
Pour le faire embourber ou pour le faire choir.
Les postes éminents ne restent jamais vides.
Il est trop parmi nous de ces hommes avides
Qui remueraient l'État jusqu'en ses fondements !
Mais que gagne le peuple à tous ces changements ?
Pour lui, les mauvais jours font place aux jours sinistres ;
Qu'importe qu'on élève au pavois des ministres,
Guizot, Thiers où Molé, politiques vautours,
Qui bâtissent leur nid dans le giron des cours,
Déchirant de leur bec, que la faim éguillonne,
Tout royal Prométhée assis au roc du trône.

(La Thierséide, poème.)

HISTOIRE PEU FRANÇAISE

DE

LORD F. GUIZOT.

<hr>

Il faut être impopulaire.

(GUIZOT.)

Le latin dans les mots brave l'honnêteté,
Mais le lecteur français veut être respecté.

D'après cette sentence, nous devrions tracer en latin le portrait de lord Guizot, car notre langue est trop pauvre et trop chaste pour nous fournir des expressions dignes du sujet que nous traitons. Mais comme nos lecteurs ne sont pas obligés de savoir le latin, et que les professeurs de la *Sorbonne* pourraient nous attaquer en contrefaçon de *solécismes*, nous écrivons en français, nous réservant toutefois de ménager autant que possible la pudeur publique.

Lord Guizot occupe un rang élevé dans les lettres. Son *Histoire de la civilisation en Europe et en France* est un ouvrage remarquable. Son *Histoire de la révolution d'Angleterre* renferme des maximes qui honorent l'écrivain et flétrissent l'homme d'État. Mais un ouvrage qui condamne lord Guizot, c'est *Washington*. Comment se fait-il en effet que le cynique organe *des intérêts anglais*, l'homme du despotisme et des lois draconiennes ait osé se faire l'historien du libérateur de l'Amérique et de l'homme le plus pur des temps modernes.

Lord Guizot est d'autant plus coupable qu'il connaît le bien et qu'il fait le mal. Il y a en lui deux hommes : l'écrivain qui consacre son talent à des œuvres grandes et belles, et l'homme impur que la honte enveloppe tout entier comme un manteau.

Laissons de côté l'écrivain, c'est de l'homme d'État dont nous avons à parler.

Lord Guizot, né à Genève, est issu d'une famille protestante de Nîmes ; son père est mort sur l'échafaud pendant la révolution ; c'est peut-être à cette fatalité qu'il faut attribuer sa haine contre les principes démocratiques. Entre la révocation de *l'Édit de Nantes* et l'échafaud de la terreur, lord Guizot a vu deux choses : le peuple des temps modernes et les rois de l'ancienne dynastie ; sa haine a donc été pour les Bourbons et pour le peuple. Cependant cette haine s'est longtemps assoupie contre les rois, mais elle a toujours été ardente contre le peuple et les principes de la révolution.

En 1814, lord Guizot est secrétaire-général sous M. l'abbé Montesquiou, au ministère de l'intérieur. C'est lui qui rédige et qui défend la loi de censure dans le *Moniteur*. Cette loi attaquait non-seulement les journaux périodiques, mais encore elle accordait au pouvoir la faculté de suspendre la publication de tous les ouvrages composés de moins de 32 feuilles. C'est encore avec son assistance que furent conçus les projets de restitution des anciens biens du clergé, et c'est de lui que vinrent les

menaces dirigées contre les possesseurs de biens na-
tionaux.

En 1815, après la trahison du 20 mars, lord Guizot fut *remis* en possession de son poste au ministère de l'in-térieur par UN PIQUET DE KOSAQUES.

Nommé secrétaire-général du ministère de la justice, *l'homme de Gand* organisa les *cours prévôtales*, REFONDIT la magistrature et en *exclut* tous les membres soupçonnés d'*indifférence* ou d'*aversion* contre le régime de *l'étranger*. Il occupait ce poste, HONORABLE POUR LUI, lors des con-damnations du maréchal Ney, Labédoyère, Mouton-Du-vernet, Trévot, etc.

Il rédigea les listes de proscription dans lesquelles figura le nom du maréchal Soult. Enfin il ferma les yeux sur les sanglantes saturnales de *Nîmes*, Toulouse, Avignon et Marseille.

La manière dont il forma la magistrature en 1815 explique pourquoi il s'opposa à sa *véritable épuration* en 1830; *l'homme des cours prévôtales et de l'étranger* défen-dait ses œuvres.

Jusqu'en 1821, lord Guizot fut l'adepte de la restaura-tion, qui s'épura en rejetant loin d'elle MM. *Decazes* et *Guizot!*

Aujourd'hui, le renégat de Gand est le vautour de la France comme Napoléon en était l'aigle. La première apostasie de lord Guizot date, si nous ne nous trompons pas, du 20 mars 1815, alors qu'il alla chercher la France à l'étranger et qu'il insulta lâchement sa patrie dans l'in-fâme *Moniteur de Gand*; alors que, complice des Anglais et des Prussiens, il applaudissait à nos désastres et saluait avec enthousiasme la bannière des lis, souillée du sang français et imposée à la France par les baïonnettes étrangères.

La honte a pour jamais stigmatisé le front de cet homme, dont le nom ne s'est trouvé mêlé qu'à nos désastres et à nos malheurs ; la honte a flétri cet homme sans âme qui étale aux yeux de tous le cynisme le plus révoltant, celui de l'apostasie !...

Après avoir été absolutiste, lord Guizot fut doctrinaire, membre de la société *Aide-toi*, et parut franchement libéral. En 1830, il fut un de ceux qui aidèrent le plus à tromper le peuple ; son masque de libéralisme lui servit à égarer et à trahir ses anciens amis, jusqu'au jour où, successeur de *Casimir Perrier*, il osa se dévoiler aux yeux de tous. Ministre du 13 mars, il assista froidement à la boucherie de la rue Transnonain, envoya à Lyon des ordres impitoyables, et prononça ces odieuses paroles : IL FAUT ÊTRE IMPOPULAIRE !...

Lord Guizot a trahi tour à tour :

L'Empereur et la France, — les Bourbons, — les libéraux, — la révolution de 1830, — le centre, — le roi du 9 août, — la coalition parlementaire, — et en dernier lieu M. Thiers, dont il était le subordonné et le représentant en Angleterre.

Il a servi sous tous les drapeaux, immolant tout à son ambition et recueillant le mépris de tous les partis ; le *Journal des Débats* lui-même lui a dit : *Vous pourrez encore avoir notre appui, vous n'aurez jamais notre estime.* Depuis ce jour, l'opinion du *Journal des Débats* s'est bien modifiée, car l'homme *méprisable* de la coalition est devenu non-seulement un ministre *austère* et *vertueux*, mais encore *l'intelligence la plus pure* de notre époque. (Cela ne fait guère l'éloge de notre époque). Du reste, il ne faut guère accorder d'importance à ce que dit la feuille de M. Bertin : elle a fait depuis longtemps, comme notre héros, preuve d'apostasie et de cynique palinodie. L'*austère* lord Guizot est orgueilleux comme l'ange déchu de Milton, vindicatif comme Richelieu, rampant comme Wolsey, délié comme Dubois; il ne se donne pas la peine de cacher la haine qu'il ressent contre le peuple et la révolution; il montre partout un esprit inflexible, une morgue aristocratique et un orgueil insoutenable; ses manières sont glaciales, et sa colère tient à la fois du tigre et du serpent.

De tout temps, cet homme fut l'ennemi du pays et le valet de l'étranger. En juillet 1840, il disait : *Je crains plus le dedans que le dehors*. Aussi, tandis que le pays le poursuit sans relâche des cris de : *A bas Guizot! à bas le traître de Gand! à bas le ministre de l'étranger!* les feuilles anglaises font son panégyrique, et sir *Robert Peel* le proclame un grand homme. Oui, grand par l'infamie comme *Isabeau de Bavière* qui vendit la France aux Anglais, comme *Geoffroy d'Harcourt* qui combattit contre son roi et sa patrie, comme *Périnet Leclerc*, et tous ces traîtres fameux dont l'histoire a conservé les noms et la honte.

En décembre 1840, quand les cendres de l'empereur arrivèrent à Paris, le ministre trembla de voir se rallu-

mer en un instant le feu sacré du patriotisme et de l'honneur national. Forcé de suivre le programme de M. Thiers,
il n'osa se joindre au cortége et alla se cacher honteuse-
ment aux Invalides, attendant avec anxiété l'arrivée des
cendres de celui qu'il avait si lâchement trahi, et que sa
présence outrageait encore. En ce jour solennel, le peuple
traîna le nom de lord Guirot dans la boue; l'homme de
Gand en pâlit de colère, mais il n'eut aucun remords. Il
faudrait pour cela avoir une âme!...

La signature du traité du 15 juillet a été la dernière tur-
pitude de lord Guizot. Elle a pleinement justifié : *La paix
partout, toujours*; et cette phrase : *L'Europe n'en veut
pas à la France, mais à la révolution : soyons donc avec
l'Europe contre la révolution !*

En 1841, M. Thiers jeta à la face de lord Guizot
ces foudroyantes paroles : VOUS AVEZ DÉSHONORÉ LA
FRANCE!!!

Écoutons lord Guizot se juger lui-même dans *le Moniteur de Gand* :

« On ne peut espérer un bonheur solide et durable qu'en
« frappant le mal dans sa racine.

« . . . .

« . . . . . Quand une fois on aura chassé de la scène po-
« litique les charlatans qui ont trop longtemps regardé
« l'Europe comme une vaste place publique où ils éle-
« vaient leurs tréteaux et débitaient leurs impostures, alors
« se régénérera véritablement et rapidement l'esprit pu-
« blic; jusque là on gémira de ne voir partout qu'isolé-
« ment, apathie et indifférence. »

En 1815, lord Guizot écrivait dans le même *Moniteur de Gand* : « Le roi a trop pardonné!... » En 1834, il s'écriait : « J'ai envoyé à Lyon des ordres impitoyables!!! »

Aujourd'hui il se cache sous le linceul du duc d'Orléans; il espère que le malheureux prince pourra lui servir de piédestal et d'appui. Une royale infortune est devenue pour lui une chose à exploiter.

L'homme qui a soutenu *le droit de visite* espère le ratifier en restant au pouvoir; il ose se dire nécessaire à la tranquillité publique; il présente un régent à la France et croit qu'elle l'acceptera de ses mains; après avoir demandé à la corruption des députés dévoués à ses intérêts, il poursuit la presse indépendante, provoque la discussion dans les journaux et la ferme par des procès et des condamnations *, puis ses lâches aboyeurs bavent sur tous ceux qui ont encore su garder leur honneur et leur patriotisme.

Un E. Lamothe dit de Girardin et un Granier dit *de Cassagnac*, insultent les hommes les plus purs avec un cynisme digne de leur patron.

Des ministres montent à la tribune pour défendre la fraude électorale, les lois de *septembre* sont mises en état de service, l'arbitraire est à l'ordre du jour et le pouvoir tremblant devient cruel parce qu'il a peur.

Enfin notre pénible tâche est remplie, désormais nous ne salirons plus nos pages avec le nom de cet homme; désormais nous nous tairons devant tant d'apostasie et de honte. Mais cette honte, d'où vient-elle? — de la vie de

---

* *La Gazette de France* a été condamnée à 24,000 fr. d'amende et deux ans de prison.

lord Guizot; elle jaillit de ses actes et de ses paroles, puis elle retombe brûlante sur son front.

Lord Guizot a-t-il encore quelque chose à trahir?

Si Dieu revenait sur la terre, il y retrouverait un Judas plus vil encore que celui qui vendit le Christ trente pièces d'argent, car celui-ci ne chercherait pas dans la tombe un refuge contre le remords.

Après *l'austère intrigant*, il restait encore un homme que nous aurions peut-être dû nommer et faire connaître, c'est M. Molé; mais cet homme d'État est tellement usé que nous avons cru devoir nous taire envers lui.

Respect aux morts!!!

Nous garderons le même silence envers cette nouvelle fraction politique qui cherche à construire un parti *tory* en France. Beaumarchais avait deviné les *conservateurs* quand il dit : *Ce qui est bon à prendre est bon à garder.*

Tous les jours les tribunaux condamnent les *conservateurs!... du bien des autres.*

Le pays ne redoute que trois hommes : MM. Thiers, Guizot et...

HISTOIRE POPULAIRE

DE

M. ADOLPHE THIERS.

⟶꙳꙳꙳⦾⦾⦿⦾꙳꙳꙳⟵

Magnæ fortunæ, magna pericula.

TACITE.

M. Thiers a un caractère si mobile, qu'il est bien difficile de ne pas s'égarer avec lui dans le dédale; il faut s'attacher à ses pas et saisir un à un tous les traits qui doivent former l'ensemble de son portrait. Jusqu'ici nous ne connaissons pas une seule biographie qui ait fait connaître avec franchise et impartialité cet homme aussi remarquable par ses fautes politiques que par sa haute fortune.

L'auteur de l'*Histoire de la Révolution française* est né à Marseille, en 1797; c'est sans doute pour cela qu'il se dit enfant de la Révolution; du reste, il est enfant du peuple. Son père était serrurier, et quelques uns de ses parents exercent encore en province diverses professions manuelles. On a pu remarquer pendant longtemps, aux Champs-Élysées, une enseigne ainsi conçue : MADAME THIERS, *belle-sœur de l'ex-ministre, marchande de pommes.* Si l'on en croit les condisciples de M. Thiers, le jeune collégien fut un assez médiocre élève; ses anciens amis se souviennent encore de sa loquacité, de sa pédanterie, de ses formes un peu fières et de sa facilité à défendre des doctrines aussi absurdes que paradoxales.

Sa famille ayant décidé qu'il serait avocat, il fut envoyé à Aix chez M. Arnaud, père de madame Charles Reybaud. M. Arnaud lui offrit son domicile et ses livres. A la rentrée des Bourbons, les idées libérales, longtemps couvées, vers les derniers temps de l'empire, dans les salons de Mme de Staël, éclorent enfin au souffle de la charte de Louis XVIII; les mêmes sympathies politiques unirent M. Thiers à quelques étudiants qui sont depuis devenus célèbres. Ce sont : MM. Mignet, A. Crémieux et Alph. Rabbe.

Les débuts de M. Thiers au barreau de la ville d'Aix furent assez pâles, on pourrait même dire malheureux. On goûtait peu cet avocat aux formes grêles, à l'organe criard, à l'éloquence ampoulée et à la pantomime ridicule.

Après sa chute, M. Thiers se rejeta sur la littérature; il concourut pour les prix proposés par les Académies, et en gagna plusieurs.

En 1820, M. Thiers envoya un mémoire à l'Académie des Jeux floraux, qui avait proposé la question suivante :

— « Quels sont les caractères distinctifs de la littérature à
« laquelle on donne le nom de romantique? et quelles
« ressources pourrait-elle offrir à la littérature classi-
« que? »

Le Mémoire de M. Thiers balança les suffrages, et le secrétaire de l'Académie s'exprima ainsi sur ce travail :

« Sans avoir saisi avec assez de précision le sujet proposé
« par l'Académie, sans avoir donné à ses idées la direction
« et l'enchaînement que prescrivait peut-être le sens po-

« sitif de la question, l'auteur a sagement discerné et clai-
« rement exprimé la plus grande partie de celles qui y
« tiennent essentiellement. La raison, la justesse des vues,
« le tact littéraire, sont ses qualités dominantes, et son ou-
« vrage aurait eu un plein succès dans le concours, si la
« palme avait dû appartenir au concurrent dont le travail
« présente le moins d'erreurs et le plus de vérités. On a
« reproché à ces vérités de n'être pas toujours prises dans
« le sujet proposé ; on en a quelquefois blâmé le style
« inélégant et incorrect ; et il est vrai de dire que l'auteur
« s'est élevé rarement au-dessus du ton de la simple dis-
« sertation. »

Nous avons rapporté ce jugement parce qu'il s'y trouve quelques traits à l'adresse de l'*Histoire de la Révolution*, qui contient les mêmes qualités et les mêmes défauts.

Aix fut bientôt un théâtre trop étroit pour l'ambition du jeune avocat. Alph. Rabbe était à Paris ; son esprit profond et sa poignante ironie lui avaient valu quelques succès ; il passait même pour avoir une brillante position, bien qu'il n'eût pu encore, depuis une année de séjour, utiliser sa plume dans les journaux.

Un jour, pendant que Rabbe était avec quelques amis dans une modeste chambre de l'*hôtel Montesquieu*, un nou-veau venu se présenta : c'était un petit homme, la tête suspendue à une paire de lunettes, portant un habit d'une nuance à désespérer la chimie, un pantalon collant très-court, remontant au mollet, et revêtu d'un lustre accusa-teur. Joignez à cela des bottes de porteur d'eau, et coiffez

ce petit homme d'un chapeau fabuleux digne du cabinet d'un
antiquaire, vous aurez le fidèle portrait de M. Thiers,
alors apprenti littérateur.

Une fois sur le pavé de Paris, M. Thiers fut longtemps
obscur et malheureux; rien ne lui présageait sa grande
fortune, et il dut la vie à la généreuse amitié d'Alphonse
Rabbe. Avant d'entrer dans les détails de la fortune de
M. Thiers, nous croyons utile de placer ici le portrait que
Saint-Simon fait d'un nommé Rémond, homme d'affaires
de Dubois; le caustique écrivain avait-il deviné M. Thiers?
jugez-en : « Rémond, dont il est parlé ailleurs, fut intro-
« ducteur des ambassadeurs; comme il devint une espèce
« de petit personnage, et un subalterne fort dangereux,
« il est à propos de le faire encore mieux connaître. Il
« était fils de Rémond, fermier général, connu sous le
« nom de Rémond-le-Diable. Ce fils *était un petit homme*
« *qui n'était pas achevé de faire*, et comme un biscuit
« manqué, avec de vilains traits et une voix enrouée comme
« un homme réveillé en pleine nuit en sursaut. Il avait
« beaucoup d'esprit; il avait aussi de la lecture et des
« *lettres, et encore plus d'affronterie, d'opinion de soi et de*
« *mépris des autres. Il se piquait de tout savoir*, prose,
« poésie, philosophie, histoire, même galanterie, ce qui
« lui procura force ridicule, aventures et brocards. Il fut le
« savant des uns, le confident et le commode des autres,
« et de plus d'une façon, et ne se cachant pas de la détes-
« table manie de rapporteur quand on le voulait et que cela
« lui parut utile. Il s'attacha surtout à l'abbé Dubois, dont
« il allait disant pis que pendre, pour faire parler le gen-

« et le fit aller, le dire, enfin, à Semonville, dont il devint le
« panégyriste et l'homme à tout faire. Sa souplesse, l'or-
« nement de son esprit, son aisance à parler et à frapper,
« sa facilité à adopter le goût de chacun, une sorte d'agré-
« ment qu'on trouvait dans sa singularité, le mirent quelque
« temps fort à la mode. Il a fini par épouser une fille du
« joaillier Rondé, en quoi il n'y eut ni disparité, ni mésal-
« liance, et par donner des soupers à bonne et honorable
« compagnie. »

« En arrivant à Paris, M. Thiers fut d'abord indécis; il
ne savait pas s'il devait se jeter à corps perdu dans l'opposition. La nécessité le décida à se faire présenter au célèbre député Manuel, qui était une puissance; l'illustre
libéral l'introduisit au *Constitutionnel*, où il s'occupa d'a-
bord des articles sur le salon. Avant de faire de la politique, M. Thiers fit de la peinture; ce ne fut qu'un change-
ment de *couleur*.

« Ses premiers écrits politiques furent un acte d'ingratitude. Il combattit l'élection de Manuel, expulsé de la
Chambre par les *ultras*** et le centre; il combattit l'homme
qui, ayant deviné son talent, lui avait tendu la main. Cette
trahison, aussi lâche que perfide, fut un prélude à ce qu'il
a fait depuis lors; il est vrai que, pour affaiblir l'odieux de
l'ingratitude, il l'a érigée en vertu d'État.

« Passé sous la protection de M. Jos. Laffitte, qui était

* Grâce aux bons offices de Lord Stairs, ambassadeur d'Angleterre.

** On appelait ainsi les fougueux royalistes qui voulaient un retour
vers le passé. Le cabinet Polignac accomplit l'œuvre rêvée par les ultras.
On en connaît les suites.

alors la bannière du jeune libéralisme et des vieux braves de l'empire, il est à peine reçu dans ses salons, qu'il y entre le chapeau sur la tête, se donne des airs de protecteur, demande à tout le monde des renseignements pour son *Histoire de la Révolution*, cherche à se donner de l'importance et ne parvient pas à s'en créer une.

Reçu chez un riche banquier, il ne s'occupe plus que de finances, et publie sa notice sur Law, pour laquelle il avait été consulter M. Ouvrard jusqu'à Saint-Pélagie.

Félix Bodin ayant eu l'idée d'écrire une *Histoire de la Révolution*, s'adjoignit M. Thiers comme secrétaire ; au bout de trois mois et d'un premier volume, Félix Bodin n'était plus l'auteur de son livre, et M. Thiers le chassait d'un ouvrage où il avait été lui-même introduit *.

Intrigant, vif, hardi et sans façon, M. Thiers espéra tout de l'avenir et de sa position ; il se fit élégant, parada sur le perron de Tortoni, monta à cheval, eut des *liaisons diplomatiques* à l'Opéra, et singea passablement le mauvais sujet de bon goût.

Malgré toutes ses extravagantes prétentions, la renommée ne s'était guère occupée de lui ; il résolut, pour la fixer, de faire paraître l'*Histoire de la Révolution*, dont le succès prodigieux tient beaucoup au bonheur qui a toujours accompagné M. Thiers.

Par un nouvel acte d'ingratitude, M. Thiers déserta le

---

* Graces aux bons offices d'un vieux libraire nommé Schubart, M. Thiers fit la connaissance du baron Cotta qui lui fit obtenir une action du *Constitutionnel*. Quand plus tard le vieux Schubart, qui avait partagé les débris de sa fortune avec lui, fut ruiné, M. Thiers daigna...... l'oublier.

Constitutionnel, dont le libéralisme lui paraissait trop froid, et il fonda, avec *Armand Carrel*, le *National*. Ce fut en vain qu'il chercha à étouffer le talent de son honorable collaborateur. Carrel, homme d'honneur, de conviction et de courage, lui était supérieur en tout. Lorsque parurent les *ordonnances liberticides* de juillet, M. Thiers signa la protestation des journalistes, protestation qui pouvait lui coûter la tête, et qui parut le lendemain sur une seule feuille.

Lorsque la fusillade se fit entendre, le journaliste ne parut pas aux barricades, mais on put le rencontrer sur la route de *Neuilly*. Qu'allait-il y faire?

De retour à Paris, M. Tiers abandonna le *National* et courut, comme tant d'autres, à la poursuite des emplois. Il faut avouer qu'il avait alors autant de curiosité que d'ambition. Il fureta partout, chercha les secrets de toutes les archives, et joua longtemps en enfant avec les ressorts de la machine administrative.

On le vit entrer partout, offrir ses services à Lafayette et à M. Guizot, à Louis-Philippe et à M. J. Laffitte. Le baron Louis lui ouvrit les portes du conseil d'État et le fit entrer aux finances, sous le ministère de M. Laffitte; il le laissa régner mais il gouverna.

Ici, le biographe a besoin de faire une halte et de jeter un voile sur l'époque la moins glorieuse de la vie politique de M. Thiers. On a crié à la concussion; ce n'est pas à nous d'absoudre ni de condamner.

Le ministère de M. Laffitte fut court; ce qui n'empêcha pas que M. Thiers ne faillit surcharger un million de pro-

létaires, par son coup d'essai sur l'impôt de quotité. En
ces temps-là M. Thiers était tribun du peuple ; sa voix
nasillarde glapissait à la romaine. M. Thiers voulait re-
commencer les temps antiques de l'ère républicaine ; il
admirait la propagande et les destructeurs de l'Arche-
vêché.

Le ministère de Casimir Périer vint l'arrêter dans son
essor et le rejeter dans l'ombre.

Ce ne fut qu'un temps d'arrêt ; M. Thiers se rallia presque aussitôt au ministère de la paix et de la résistance. Il
cessa de saluer M. Laffitte, fit la guerre à la gauche et à
la coalition dirigée par MM. Berryer et Barrot ; fut plus
monarchique que le roi ; défendit l'hérédité de la pairie,
les pensions des Vendéens, la liste civile et les gros ap-
pointements des *cumulards*. Il est vrai que Casimir Périer
lui donnait 2,000 fr. par mois sur les fonds secrets.

Ses succès de tribune ne lui suffisant pas, il attaqua la
coalition *carlo-républicaine* dans son pamphlet : *De la Mo-
narchie de 1830*.

Le 11 octobre 1832, M. Thiers, devenu ministre, trouve
dans ses attributions de quoi satisfaire son insatiable curiosité et son ambition. Jaloux de la gloire de *Fouché*, il
fait mouvoir tous les ressorts de la police, et, pour se
rendre agréable à *la pensée immuable*, il achète à l'infâme
DEUTZ le secret de la retraite de Mme la duchesse de Berry,
qui fut arrêtée en Vendée et gardée dans la citadelle de
Blaye par le geôlier Bugeaud.

Dans un moment d'humeur le maréchal Soult, président
du conseil, avait appelé M. Thiers *soutriquet*, celui-ci par

vint à le faire sortir du ministère, et après lui le maréchal Gérard, puis le maréchal Mortier. Enfin MM. de Broglie et Guizot sont éliminés du pouvoir et M. Thiers s'empare de la présidence.

Quoique fort bien en cour, l'élève de Talleyrand n'était pas encore à son apogée. Soutenu par les *doctrinaires*, il avait fait à la Chambre de pauvres débuts. Il se drapait en vain ; en vain enflait-il sa voix et cherchait-il à ennoblir ses gestes ; il n'obtenait que des succès d'hilarité. Tout le monde reprochait à M. Laffitte l'invention de ce tribun criard et dégoûté, dont toute l'éloquence allait du pathos au cancan de portière.

Après avoir été ministre de l'intérieur, M. Thiers, qui a la prétention d'être un homme universel, convoita le portefeuille du commerce et des monuments publics ; les études de chemins de fer et de canaux, et la loi des cent millions, fournirent des aliments à sa manie de *travail* ; son audace l'aida, et son goût pour le plâtre le mit très-bien avec *quelqu'un* qui se sert volontiers de la *truelle*.

Nous ne dirons rien de l'anacréontique banquet de *Grand-Vaux*.

Revenu au ministère de l'intérieur, M. Thiers eut le *spleen* ; il lui fallut des distractions : on lâcha des *gazelles* dans son jardin ; le ministre s'amusa avec elle comme un enfant, et bientôt ses favoris s'appelèrent *gazelles* : MM. Dittmer, Léon Faucher, Chambolle, Cavé, Guizard et Lavocat furent quelque temps gazelles.

Les passe-temps du ministre ne furent pas tous aussi innocents, car il assista en personne aux fatales journées de juin, et le sang répandu dans la *boucherie-Transnonain* a jailli sur son front. M. Thiers était le complice et le collègue du *Renégat de Gand*, de l'homme qui venait de rassurer la Chambre par ces mots : — « *Nous avons envoyé à Lyon des ordres impitoyables.* »

Après avoir passé dans plusieurs ministères, M. Thiers se donna le plaisir d'envoyer sa démission au roi ; on le supplia de garder son portefeuille, et ce fut pour obéir aux instances de MM. Jacqueminot et Fulchiron qu'il voulut bien accepter la présidence du conseil et le ministère des affaires étrangères. Comme on le voit, M. Thiers avait su faire son chemin. Qu'avait-il fait pour cela ?

— Professé et exalté les idées de révolution ;

— Écrit une histoire fataliste ;

— Trahi le *Constitutionnel* pour le *National* ;

— Le *National* pour des places ;

— Trahi encore M. J. Laffitte et la gauche parlementaire ;

— Adoré le pouvoir sous Casimir Périer ;

— Partagé avec M. Guizot le système de la paix à tout prix, et de la répression sanglante des émeutes populaires ;

— Oublié et trahi la Pologne, l'Italie et la Belgique ;

— Attaqué les idées démocratiques ;

— Béatifié le juste-milieu et la *pensée immuable* ;

— Défendu l'hérédité de la pairie et les gros traitements de ceux qui, comme *Jean-de-Dieu Soult*, avaient juré de ne se les laisser arracher *qu'avec la vie.*

Que fallait-il pour couronner tant d'infamie ?

— La rédaction du *code de septembre.*

— Eh bien ! M. Thiers l'a rédigé, et cette machine infernale destinée à tuer la presse d'un seul coup, cette œuvre aussi lâche qu'infâme, c'est celle de M. Thiers, d'un enfant de la presse, qui rassurait ses confrères alarmés de tant d'audace par ces mots : « Donnez-moi tout cela. J'ai « appris dans l'opposition ce qu'on peut faire avec des « journaux ; je vais vous les tuer d'un coup. »

— Dans la soirée du 29 juillet, M. Thiers proposa au conseil une nouvelle loi des suspects, qui permettait au ministre de l'intérieur *de renvoyer loin de Paris tous les hommes soupçonnés de faire partie des sociétés secrètes.* Cette proposition parut une attaque si violente de la Charte que les ministres du 11 octobre reculèrent. Armand Carrel faisait alors une polémique qui irritait M. Thiers, qui, pour s'en venger, n'eut pas honte de l'impliquer dans le procès Fieschi. Exemple qui a été suivi récemment contre M. Dupoty. Carrel, au moment de son arrestation dans les bureaux du *National*, s'écria : *Dites à M. Thiers que je me vengerai!* Le lendemain plusieurs personnes allèrent trouver M. Thiers et lui représentèrent l'odieux de sa conduite. Il les reçut en souriant, et leur répondit : « Je ne demande pas mieux de croire que « M. Carrel est innocent ; quand il aura prouvé son inno- « cence nous lui rendrons la liberté. *Il faut bien* qu'il en « coûte quelque *chose pour être chef de la république,* et « c'est la république qui a fait le coup. »

Le conseil des ministres délibérant, en l'absence de M. Thiers, sur la question de changer la majorité du jury, se trouva divisé : M. Guizot voulait changer la loi, M. de Broglie voulait la maintenir ; on ne put s'entendre et la séance fut remise au lendemain. M. Thiers y assista et parvint à décider le conseil à porter l'atteinte la plus grave aux garanties de la liberté de la presse.

Le 22 février, M. Thiers, après avoir été à tout le monde, veut enfin être à lui. Il ose écrire sur son drapeau : « *Le roi règne et ne gouverne pas.* » Le *Figaro politique* fit des avances à la gauche, dans la personne de M. Dufaure et dans celle de M. Passy ; cela ne l'empêcha pas de tomber, pour avoir demandé l'intervention en Espagne. Froissé de sa chute, il se jeta dans les bras de l'opposition, attaqua les lois de septembre qu'il osa nommer *infâmes* (oubliant sans doute qu'il en était l'auteur), appela son ancienne majorité une *quantité* sans *qualité* ; la *fraction Lamartine*, les *rêveurs* ; le *centre-Passy*, les *vieillards* ; le maréchal Soult, le *sabre de bois* ou l'*illustre fourreau* ; sans doute pour se venger du nom de *petit Foutriquet* que lui avait infligé le vainqueur de Toulouse. Mme de Girardin appela M. Thiers *Mirabeau-Mouche*.

Le *Bosco-parlementaire*, le gamin de la diplomatie parvint à faire tomber le ministère Molé, fortement ébranlé par MM. Garnier-Pagès et Berryer.

L'opposition avait retrempé la popularité de M. Thiers. Il fut président du conseil et ministre des affaires étrangères. Il obtint de l'Angleterre la restitution des *cendres de l'Empereur.* M. de Rémusat, son collègue, annonça cette nouvelle à la chambre, et, dans une improvisation patriotique, il appela Napoléon le *souverain légitime de la*

France. Ces paroles ne furent pas perdues, et l'échauf-
fourée de Boulogne fit tomber entre les mains du juste-
milieu un neveu de l'Empereur, que les vieux pairs jetè-
rent dans la citadelle de Ham, presque à la même heure
où les restes du grand capitaine traversaient triomphale-
ment l'*Arc de l'Étoile* et les *Champs-Élysées*.[*]

Le nom de Napoléon fut un piédestal pour l'orgueil et
l'ambition du chef du ministère du 1er mars; pour avoir ob-
tenu les cendres du martyr de Saint-Hélène, M. Thiers se
crut presque de la famille impériale; il se drapa dans le
manteau napoléonien; sa démarche contrefit celle du
grand homme; ses yeux scintillèrent derrière ses lunettes; il appela l'Angleterre une *magnanime alliée*, laissa
la Méditerranée devenir un lac anglais; fit de la politique *sentimentale*, et fut dupe des fourberies de lord Pal-
merston, qui ourdissait alors avec M. Brunow le trop
célèbre traité de Londres (traité du 15 juillet 1840).
Lorsque M. Thiers fut officiellement averti, il impro-
visa un long *memorendum*, jeta les hauts cris, mit la
main sur la garde de son épée, donna trois ou quatre fois
son *ultimatum* et finit tant de scandale par la note du 8 octobre.

C'est le cas de dire, en parodiant *Shakspeare* : *Tout est
mal qui finit mal.*

Jusqu'alors M. Thiers avait fait la guerre dans son *Histoire de la Révolution française*; il voulut réaliser ses

---

[*] Le contraste a toujours été du goût de nos gouvernants; on célébrait
à Boulogne le souvenir de la gloire de l'empire au moment même où
M. Guizot rentrait dans le concert européen en s'agenouillant à genoux.

plans de campagne. Il s'imagina qu'il était, pour le moins, premier consul ou dictateur; il organisa l'armée, équipa la cavalerie, augmenta nos ressources maritimes, répondit au canon de Beyrouth et de Saint-Jean-d'Acre par les fortifications de Paris, menaça l'Allemagne, et donna rendez-vous à toute l'Europe dans le bois de Boulogne, qu'il faisait abattre tout exprès.

M. Thiers, forcé de donner sa démission, aurait pu se retirer avec éclat, et rendre vraies ces paroles : « Gouvernera après moi qui pourra. » Il manqua d'énergie et fut chassé comme un valet. Il a dit depuis que s'il ne s'était pas retiré plus tôt, c'est qu'il n'avait pas voulu découvrir la royauté.

En résumé, M. Thiers, patriote dans ses discours, a été dans ses actes aussi plat et aussi violent que MM. Guizot et Molé.

— M. Molé a conclu le traité de la *Tafna* :

— M. Thiers a écrit la note du 8 octobre.

— M. Guizot a poursuivi la presse :

— M. Thiers a rédigé les lois de septembre.

— M. Molé a fait évacuer Ancône et payé l'indemnité de Saint-Jean d'Ulloa :

— M. Thiers n'a-t-il pas préparé l'infâme traité *Mackau*, fait avec Rosas?

— M. Thiers n'a-t-il pas fait ouvrir les portes d'un cachot sous les pas de M. de Lamennais?

— M. Thiers n'a-t-il pas renié ses dieux de la veille comme MM. Guizot et Molé?

— Qu'a donc de commun cet homme avec la démocratie?.... Est-il plus national que les ministres de l'étranger et de la cour?.... — Non; il est plus habile.

Après avoir tout brouillé au dedans et au dehors, M. Thiers accepta l'occupation de la Syrie par les Anglais comme *un fait accompli*; il fut plus criard et non moins lâche que M. Guizot, et se vit arracher un pouvoir qu'il aurait dû déposer plus tôt, pour son honneur et celui de la France.

Le passage de M. Thiers aux affaires a toujours valu des calamités à la France; la plus grande de toutes, c'est le vote des fortifications de Paris, vote énergiquement combattu par les vrais patriotes et défendu par la plume de M. Marrast du *National*. Cette erreur, en divisant le parti démocratique, a détruit l'autorité du journal qui avait toute sa confiance; elle a enlevé à la liberté ses derniers gages de sécurité, offert un refuge et un appui à la tyrannie, alarmé le patriotisme et fortifié le pouvoir.

Dans cette triste comédie, M. Thiers a servi la *Pensée immuable*, et M. Marrast a joué le rôle de *Raton* *.

On dit que M. Thiers avait alors des idées usurpatrices; *Mirabeau-Mouche* convoitait le manteau de César. *Le pauvre homme!!!* nous ne le croyons pas absurde à ce point; et bien qu'il joigne le plus grand mépris des autres à la plus grande confiance en lui-même, ses illusions ne vont pas jusque-là.

« GOUVERNERA APRÈS MOI QUI POURRA » (avait-il dit). Ceci est plus que de l'orgueil; c'est de la sottise.

---

* Le *National* attaqua même M. Garnier-Pagès, et se conduisit assez tristement avec un homme respectable à plus d'un titre, M. Cabet.

Bien que M. Thiers se soit longtemps bercé des *idées napoléoniennes*, il n'y a chez lui rien de Napoléon; mais il y a quelque peu d'Albéroni, de Mazarin, de Dubois et d'Olivier-le-Diable, le célèbre barbier-ministre de Louis XI; il y a même quelque peu de Louis XV; comme ce faible prince, M. Thiers se laisse influencer par une femme dont il est le gendre.

Les titres littéraires de M. Thiers sont réels; l'*Histoire de la Révolution française* est un bel ouvrage qui se ressent de la sécheresse du cœur de l'homme d'État; on y cherche en vain un mot de sympathie pour le peuple; le système fataliste y étale toute sa laideur. M. Thiers n'est jamais du côté des vaincus, tour à tour girondin et montagnard, il les abandonne dans leur chute et ne les défend que dans leurs prospérités; fautes ou crimes, gloire ou désastre, tout est l'œuvre de la fatalité, rien n'appartient à l'homme, tout est au destin. M. Thiers raconte les effets sans chercher les causes. Il copie servilement le *Moniteur*, et lui emprunte même souvent sa froide logique et sa partialité. Ce déplorable système explique suffisamment l'ingratitude et les dérèglements politiques de M. Thiers. Il écrit aujourd'hui l'histoire de l'Empire. Attendons.

Élève de Talleyrand, le *directeur* du 4, mais lui emprunte quelques défauts sans lui prendre ses qualités. Il est impatient, distrait, causeur, bon enfant, indiscret, sans haine et sans amitié, sans souci de l'opinion publique, qu'il méprise et dont il est méprisé. Diplomate spirituel, il se prend au sérieux, se croit très-délié, et ne trompe...... que ses amis. Homme sans caractère, sans principe, sans conviction, sans suite dans ses idées, il est à la fois bavard et écouteur, sceptique et crédule, superficiel et gobemouche.

On cite de lui un trait qui lui fait honneur. Il venait de vendre son *Histoire de l'Empire* au libraire Paulin, quand un autre libraire vint lui en offrir 100 mille francs de plus, payé comptant d'avance. Bien qu'il n'eût rien signé, M. Thiers se regarda comme engagé, fit atteler ses chevaux et se rendit chez M. Paulin pour signer le contrat de vente.

Quand il doit monter à la tribune, il s'y prépare en parlant à tout le monde du sujet qui le préoccupe ; il demande des objections et cherche à les combattre. Il est vrai que ce célèbre comédien n'apprend jamais ses rôles que dans la coulisse.

Une fois lancé, il ne s'arrête plus, surtout s'il raisonne sur ce qu'il ignore ; son éloquence est alors vive et caustique ; le petit homme croit encore faire sa colonne de journal ; son style est trivial à force de vouloir être clair, et sa parole sèche et sans élévation de pensée se ressent de l'école de Voltaire.

Depuis sa lourde chute, M. Thiers s'est emparé du drapeau de l'opposition, qu'il portera jusqu'à ce qu'il ressaisisse le pouvoir. En attendant, l'ex-ministre fait de l'histoire. Les uns disent que c'est celle de l'Empire ; d'autres, celle de *Florence*. Madame Dosne, qui exerce beaucoup d'influence sur son esprit, ayant eu quelques-uns de ses parents marchands de *Florence*, a exigé de son gendre qu'il en écrivît l'histoire. Cette même madame Dosne, qui s'appelait jadis *Eurydice*, a pris le nom de *Sophie* lorsque M. Thiers s'est posé en Mirabeau. Espérons qu'elle s'appellera *Joséphine* quand son gendre deviendra un Napoléon.

Un des tics de M. Thiers est de marcher très-vite en se faisant suivre des personnes qui lui parlent; il répond sans retourner la tête, ferme les yeux derrière ses lunettes, s'agite, trépigne, et dit quelques mots sans suite et sans rapport avec la conversation.

Retranché derrière ses journaux, M. Thiers est plus puissant après sa chute que lorsqu'il est au pouvoir. Ses aides-de-camp, MM. Chambolle et Léon Faucher, exaltent ses vertus, pleurent ses malheurs et célèbrent sa gloire; heureux quand M. Thiers, parodiant l'Empereur, leur dit dans ses salons de l'hôtel Saint-Georges : « *Allez, Messieurs, je suis content de vous.* »

M. Thiers, qui avait d'abord soutenu la régence de Mme la duchesse d'Orléans, s'est déclaré pour celle du duc de Nemours et a eu le talent d'entraîner avec lui M. Odillon-Barrot. Pauvre centre gauche, quand donc t'appercevras-tu du rôle que l'on te fait jouer ? Pauvre M. Barrot, quand donc cesserez-vous d'être le *bâton* de la comédie parlementaire inventée par M. Thiers.

FIN.

Imprimeries de PECQUEREAU et Ce, rue de la Harpe, 58.